पहला प्यार

MERE DARD

शायर बाबर

Copyright © Shayar Babar
All Rights Reserved.

This book has been published with all efforts taken to make the material error-free after the consent of the author. However, the author and the publisher do not assume and hereby disclaim any liability to any party for any loss, damage, or disruption caused by errors or omissions, whether such errors or omissions result from negligence, accident, or any other cause.

While every effort has been made to avoid any mistake or omission, this publication is being sold on the condition and understanding that neither the author nor the publishers or printers would be liable in any manner to any person by reason of any mistake or omission in this publication or for any action taken or omitted to be taken or advice rendered or accepted on the basis of this work. For any defect in printing or binding the publishers will be liable only to replace the defective copy by another copy of this work then available.

क्रम-सूची

क्रम-सूची

लेखक का परिचय

नाम - शायर बाबर

पिता - मो शुयेब

माता - छोटी बीबी

अपका जन्म 1995 को बिहार के दरभंगा ग्राम बहुआरा बुजुर्ग मे हुआ|

अपको बचपन से ही सहित से लगाओं था अपने स्कुल टाइम से ही शायरी

पढन रहे है अपको कई सारे सहित की तरफ से पर्मान पत्र मिल चुका है

अपकी नजम गजल कई सारे सहेर के हिन्दी उर्दू न्यूज पेपर मे छप चुकी है

अपकी गजल हिन्दी के तीन किताबो मे भी छाप है|

1. तितलियाँ रानी

अब कहाँ कही भी नज़र आती है तितलियाँ
गुलो से भी अब गायब हो चुकी है तितलियाँ
अधुनिक के इस दौर मे हम इस कदर खो गए
आपने ही हाथों से हमने मिटाये है तितलियाँ
हम आपने बचपन मे खेलते थे तितलियो से
अब के बच्चे को मिलती है पलास्तिक की तितलियाँ
हमारे हर कहानी मे तितलिया रानी हुआ करती थी
आज खुद एक कहानी बन कर रह गयी है तितलियाँ
आज नज़र उदास है देखने को तितलियाँ
नजाने कहाँ खो गये रंग बिरंगी तितलियाँ
कभी उदास बैठे है पिले फुल कभी गुलाब उदास है
फूलो की भी ज़िन्दगी से गायब हो गये है तितलियाँ।।
लेख़क:- शायर बाबर
बहुआरा बुजुर्ग दरभंगा बिहार

2. पर्यावरण पर कविता

अगर इसी तरह से तुम पेर को काटते जाओगे
देखना एक दिन सांस लेने के लिए तरस जाओगे
हवा भी ना मिलेगी और छाव भी ना मिलेगा
पेर को अगर इसी तरह रोज कटा जायेगा
वृक्ष से प्रेम करो हरयाली को बचाओ तुम
लोग कांटे लगाते है मिलकर पेर लगाओ तुम
धरती की सुन्दरता यही है जीवन की है ज़रुरत
आओ मिलकर सभी को बताये वृक्ष से करे मोहब्बत
हरयाली है तो जल है जल है तभी है जीवन
वृक्ष और जल बचाना है आओ मिलकर लेते है वचान
बने सुन्दर धरती अपना रहे सुन्दर आकाश
आओ हम सब मिलकर करे अब ये परयास
शायर बाबर बहुआरा बुजुर्ग
दरभंगा बिहार 9570235440

3. हिंदी दिवस

उर्दू है मेरी मोहब्बत हिन्दी है मेरी जान
हिन्दी के ही वजह है दुनिया मे मेरी पहचान
ऊर्दु है मेरी मोहब्बत हिन्दी है मेरी जान
ऊर्दु को है निस्वात गालिब और मीर से
हिन्दी को है प्रेम दिंकर जी कबीर से
हिन्दी सारे जहाँ मे भाषा मे सबसे महान
ऊर्दु है मेरी मोहब्बत हिन्दी है मेरी जान
रिस्ता ऊर्दु का हिन्दी से है बहन का
दोनो बहन सान है अपने वतन का
दोनो ही बेटियां है मादरे हिंदुस्तानी की
प्रचम दुनिया मे लहराये है भारत महान की
ऊर्दु है मेरी मोहब्बत हिन्दी है मेरी जान
हिन्दी दिवस की धुम मची है सारे जहांन मे
प्रचम बुलंद है हिन्दी का आसमान मे
पचिम से पुरब तक है सितारा बुलंद हिन्दी का
तुलसी दास को ग्यान समुन्द्र सा है हिन्दी का
ऊर्दु है मेरी मोहब्बत हिन्दी है मेरी जान
शायर बाबर दरभंगा बिहार
9570235440

4. चाहने लगा हु

चाहने लगा हु तुझे जबसे मैं
मेरे पिछे सारा जमाना परा है
एक तुझको अपना बनाने के खातिर
दुशमनो को अपना बनाना परा है
रो कर भी हम मुस्कुराये है महफिलो मे
हस कर गम को छूपना परा है
जो कभी काबिल ने थे मेरी दोस्ती के
तेरे लिए उसको भी निभाना परा है
तुमहे पाने की एक उम्मीद पर हमें
अपना क्या क्या ना लूटाना परा है
तुम्हारी यादो को भुलाने की खातिर
मूझे किसी और दिल लगाना परा है
शायर बाबर
बहुआरा बुजुर्ग दरभंगा बिहार
9570235440

5. आँखो का काज़ल

तुम्हारे आँखो का काज़ल मैं बन जाता तो अछा था
तुम्हारे पैरो का पायाल मैं बन जाता तो अछा था
चामकता रहता तुम्हारे सर के माथे पर मैं हर दम
तुम्हारे मांग की बींदी मैं बन जाता तो अछा था
तुम्हारा दीदार करता मैं रोज हर पल मोहब्बत से
अगर मैं तुम्हारे घर का दारपन बन जाता तो अछा था
साजा के रखते तुम आपने गले से मुझे हर दम
तुम्हारे गले के हार का मोती मैं बन जाता तो अछा था
कैद कर लेते मोहब्बत से तुम मुझे आपनी अंगुठी मे
मैं तुम्हारे हाथ के अंगुठी का नागीना बन जाता तो अछा
था
उल्फात मे तेरे हम इस हद तक गुजर जाते
मोहब्बत मे मैं तेरा सिंगार बन जाता तो अछा था
सत्ताता मैं तुम्हे इस सार्द भारी रातो मे आकार अक्सर
तुम्हारे आँख का अगर मैं खाब बन जाता तो अछा था
शायर बाबर
बहुआरा बुजुर्ग दरभंगा बिहार
9570235440

6. लबों की हसी

मैं तेरे लबों की हसी ढूँढता हूं
मैं खुद मे तेरी खुशी ढूँढता हूं
के गुल न हो तेरी जिन्दगी से खुशियां
मैं ऐसी कोई रौशनी ढूँढता हूं
बिन तेरे एक पल ना जीना ग्वारा
मैं तुझ मे ही आपनी जिंदगी ढूँढता हूं
जो तेरे लिए तरसे हर लमहा हर एक पल
मैं इन आँखों मे आयेसी नमी ढूँढता हू
बिन तेरे ना हो मेरा एक पल भी गुजारा
इस जंहा मे मैं ऐसी कोई ज़मी ढूँढता हूं
जो मेरी मोहाबत को ज़िन्दगी समझे अपनी
बाबर मैं ऐसी कोई हमनासी ढूंडता हू
शायर बाबर
दरभंगा बिहार
9570235440

7. दोस्त समझ लेना

मैं शुकुन लिखु आप दोस्त समझ लेना
मैं ज़िन्दांगी लिखु आप दोस्त समझ लेना
दोस्त वो है जो बुरे वक़्त मे साथ निभाये
मैं फारिस्ता लिखू आप दोस्त समझ लेना
बन कर फारिस्ता साया साथ रहता है दोस्त का
जब मैं दुनिया लिखू आप दोस्त समझ लेना
हर खुशी हर गम मे रहता है वो साथ मेरे
मैं खुशी लिखू आप दोस्त समझ लेना
उनकी मोहब्बत से महेकता है चमान मेरा
मैं खुसबू लिखू आप दोस्त समझ लेना
अपने हर वादे पर कायम रहता हैं वो हर दम
मैं वफ़ा लिखु तो आप दोस्त समझ लेना
य़ा खुदा सलामात रखना मेरे सभी दोस्तो को
दुआ को जब हाथ ऊठाउ मैं आप दोस्त समझ लेना
शायर बाबर
बहुआरा बुजुर्ग दरभंगा बिहार

8. पढ़ोगे तभी तो

पढ़ोगे तभी तो उरोगे आसमांन मे
पढ़ोगे तभी तो चम्कोगे हिन्दूस्तान में
पढ़ोगे तभी तो चाँद पर जाओगे
पढ़ोगे तभी तो रौकेट उराओगे
पढ़ोगे तभी तो बनोगे अब्दुल कलाम
पढ़ोगे तभी तो मिज़ाईल बनाओगे
पढ़ोगे तभी तो दुनियाँ मे तिरंगा लहराओगे
पढ़ोगे तभी तो अम्बेडकर बांकर दिखाओगे
पढ़ोगे तभी तो बनोगे महत्मा बुध
पढ़ोगे तभी तो रविन्द्र नाथ टाइगर बनोगे
पढ़ोगे तभी तो महत्मा गांधी बनोगे
पढ़ोगे तभी तो मौलाना आजाद बनोगे

9. जुल्फ रेसमी है

जुल्फ रेसमी है उनका चेहरा गुलाब है
कैसे बाताऊ दोस्तो वो कितना लाजबाब है
चमकता है धूप सा वो आज कल मेरे गांव मे
चमकता जैसे वो जैसे चमकता आफताब है
फूल झारते है होटो से जब वो करते है गुफतागु
फूल शेहरा बन ज़ाता है जब वो करता खिताब है
हर गाजल मे लिखने लगा हु उनहे मैं आज कल
ऐसा लगता है जैसे वो किसी शायर का खाब है
हर वक़्त पढता रहता हु उनहे मैं तासबुर मे
जैसे पढ़ता है कोई दिन रात किताब है
हर वक़्त चांद छूपा रहता है एक परदे मे बाबर
रौसनी फैल जाती है जब वो हाटाता नकाब है
शायर बाबर
बहुआरा बुजुर्ग दरभंगा बिहार
9570235440

10. हर ज़िन्दगी

आई नजाने ये कैसी वबा है
बनी जिनकी ना कोई दवा है
हर ज़िन्दगी है यहाँ पर परेशान
हर तरफ बेबस नज़र आते है इंसान
वारेस भारी है यहाँ हर दवा पर
सास्ती हो चुकी है इंसानो की जान
फेल यहाँ अबतो सारी ताकाते है
यहाँ हर लामहे मे ज़िन्दगी से जंग है
साथ यहाँ कोई नहीं है अपनो के
और न कोई यहाँ आपनो के संग है
हर तरफ है खौफ बस इसका
हर किसी की आँख यहाँ पर नम है
हर ज़िन्दगी है अब कितनी बेबस
हर शुह अब यहाँ पर माताम है
शायर बाबर
बहुआरा बुजुर्ग दरभंगा बिहार
9570235440

11. उदास है दिल मेरा

आज उदास है दिल मेरा बहोत
और ये आँखे बहोत नम है
नजाने क्यू रहो मे मेरे
शिर्फ गम ही गम है
अपनो ने ही कीए है
ये सारे सिताम मुझ पर
इसी लिए मेरे सभी अपने
जाने पहचाने जख्म है
जो भी दर्द मिला है मुझे
सब उनका ही काराम है
उनका दिया हर दर्द दवा है
क्या ये दर्द दवा से कम है
कौन समझता है यहाँ दर्द किसका
यहाँ सबका अपना अपना मातम है
शायार बाबर
बहुआरा बुजुर्ग दरभंगा बिहार

12. मेरी जिन्दगी

मेरी जिन्दगी मे उनकी यादो के सिवा कुछ नहीं है
ये भी हकीकत है उस लड़की से मेरा छुपा कुछ नहीं है
वो कहीं और किसी गैर के दिल मे बस गए जाकर
इसी लिए आज उस लारकी से मेरा वास्ता कुछ नहीं है
मैं उनकी यादो मे आपनी जिंदगी तबाह करदु बाबर
अब उनके चाहत मे बचा मिठास कुछ नहीं है
ये भी हकीकत है के वो जान वो जिंदगी है मेरी
उनकी यादो के सिवा इस दिल मे कुछ नहीं है
वो पास आकार भी मुँह फ़ेर लेते है हम से
प्यार मे इससे बारी सजा और कुछ नहीं है
शायर_बाबर
बहुआरा बुजुर्ग दरभंगा बिहार
9570235440

13. सर्द है मौसम

बहुत ही सर्द है मौसम आज कल तेरे गांव मे
सूरज भी बहुत सर्द है आज कल तेरे गांव मे
बहुत खिले है पिले फूल सारसों के आज कल
मेरे मन को बहुत खिच रही है ये तेरे गांव मे
इस पिले फूल मे खुशबु नहीं है पर दिलकस है
मूझे आपनी तरफ बुला रही है ये तेरे गांव मे
शबनम की बुन्दे जब चुमती होगी इस फूल को
उस वक़्त क्या नाजारा रहता होगा तेरे गांव मे
राज तो इस पिले फूल का मूझे नहीं मालुम बाबर
पर भावरो को खिच कर ला रही है ये तेरे गांव मे
#शायर_बाबर

14. हकिकत

हकिकत तो ये हैं के मुझसे उनका दिल भर गया
इसी लिये आज मैं उनकी नजरो से ऊतर गया
जो कल तक मुझे अपने ज़िन्दगी की लाइफ लाइन कहती
थी
यकीन ही नही होता के वो शाक्स आज इतना बदल गया
खुशी अपनी अबतो सारी बेगानी हो चुकी है उनके बिन
मेरी मासुम सी ज़िन्दगी को वो गम के हवाले कर गया
इस कदर मिलकर अहबाबो संघ खुशिया मनाये उसने
जैसे मानो कैद से छूट कर के वो आपने घर गया
ये फिदरत उनके अहबाबो की भी है बदल जाना
उनके अहबाबो का ही उसपर पूरा असर गया
अपनी हर खुशी उनको ही समझ बैठा था मैं बाबर
शुकर है खूदा का वक़्त रहते ही मैं सम्भाल गया
शायर बाबर
बहुआरा बुजुर्ग दरभंगा बिहार
9570235440

15. दहेज की लालच

बेटिया ही जीनत है घर की
बेटीया हीं घर की रानी है
कर रहा हूं जो मैं हक्क बात बया
ना समझो के ये कोई कहानी है
दहेज जैसे महा बीमारियो को
अपने समाज से ज़र से मेटानी है
कई बेटियाँ जल गये यहा पर
दहेज की वो लानात निशानी है
बेचते है बेटो को करते वो मनमानी है
हर घर की अब बस यही काहानी है
खुद कामा कर जब सौख न कर सका
तो सोच कैसा तेरी ये जबानी है
जो समझ गया इस दुनिया को
तो समझो वो बारा ज्ञानी है
जो ना समझ सका इस दुनिया ये फानी को
तो समझो मारी उसके आंख की पानी है
शायर बाबर
बहुआरा बुजुर्ग. दरभंगा बिहार
9570235440

16. हर तरफ

हर तरफ थी रौशनी हर तरफ था उजाला
एक मेरे ही घर अंधेरा था चांद रात को
गुल खिल गई थी कली मुस्करा रही थी
एक मैं ही उदास बैठा था चांद रात को
मैं तुम्हारी जिंदगी की सलामती के लिए बाबर
तुम्हारा सदाका निकाल रहा था चांद रात को
तेरे बगैर कैसी होगी इस बार की ईद मेरी
बस यही सोच रहा था मैं चांद रात को
मेरी जिंदगी की हर खुसी तुम्ही से थी
मैं तुम्हारे बिना कुछ नहीं था चांद रात को
मै आपने हर लम्हे भुला सकता हू जिंदगी के
मगर तुम्हें कैसे भुला पता मैं चांद रात को
शायार बाबर
बहुआरा बुजुर्ग दरभंगा बिहार
9570235440

17. मोहब्बत का फसाना

मोहब्बत का फसाना बन गया है
तुम्हारा नाम मेरे लबो पर तराना बन गया है
चाहने लगा हु तुमहे जबसे मै
दुसमन मेरा सारा जमाना बन गया है
मेरी मोहब्बत का कुछ तो सिला दे तु
मेरी मोहबत का अफसाना बन गया है
तुम्हारी चाहत मे कुछ इस तरह हो गया हु
लोग मुझे कहते है दिवाना बन गया है
तौफे तो कई और भी है देने को मोहब्बत मे
पर जख्म देना मोहब्बत मे नजराना बन गया है
शहेर मे और भी काच्चे मकान है लेकिन
मेरा ही घर बारिस का ठिकाना बन गया है
शायर बाबर
बहुआरा बुजुर्ग दरभंगा बिहार

18. मोहब्बत

करोगे मोहब्बत मिलेगी दगा
ना दवा लगेगी ना लगेगी दुआ
तरपो गे तुम किसी के लिये
सोचो गे तुम खुद खुशी के लिये
राहे मोहबत मे अंधेरे बहोत है
तरसो गे तुम रौशनी के लिये
कोई जीना छोर दे किसी की खातिर
मोनासीब नही ये आदमी के लिये
जहर फेक दी हमने हराम है ये सोच कर
जो जहर लाया था मै खुद खुशी के लिये
इस ज़िन्दगी को तो अपकी य़ादो मे गुजारा हमने
मुझे एक और ज़िन्दगी चाहिए आशकी के लिये
शायर बाबर

19. नजाने किस खुशी मे

नजाने किस खुशी मे ये दिन निकल रही है
उनकी यादो मे मेरी हर शाम जल रही है
बस उनके दिल से निकल जाने का मलाल है हमे
बाकी सब खरियत है ज़िन्दागी अछी गुजर रही है
वो जो कल तक सजते सवरते थे मेरी खातिर
वो सक्स आज किसी और के लिए सवर रही है
वो जो कहता था के हम बदल नही सकते कभी भी
गीरगित से भी ज्यादा वो सक्स बदल बदल गये है
बस आखरी इंतेजार है कि वो लौट आयेंगे एक दिन
बस इसी इंतेजार मे बाबर मेरी उम्र ढ़ल रही है
मेरे दिल मे कई अरमान थे के कोई मेरा भी हो अपना
मेरे दिल के आर्मा बह के मेरी आखो से निकल रही है
शायर बाबर
दरभंगा बिहार

20. प्रदेश

प्रदेश वो प्रदेश जहाँ घर तो बहोत है मगर
अपने गाँव के घर जैसी वो बात नही
अपना पन तो दिखाबे का बहोत मिलता है
पर अपने लोग जैसी वो बात नहीं
खाना तो हम बरे बरे होटलो मे खाते है
पर माँ के हाथ की बनी दाल जैसी स्वाद नही
हर मकान शिसे य़ा पत्थर का ही मिलेगा यहाँ
पर रिस्तो की यहाँ कोई औकात नही
अपनो से दूर रह कर ईद और दिवाली मनाये हमने
बिना रोये कब सोये होंगे हम अयसी कोई रात नही
अबकी बादल भी बहोत बरसी है इस बरसात मे
पर बाबर मेरी आँखो जैसी वो बरसात नही
शायर बाबर
बहुआरा बुजुर्ग दरभंगा बिहार

21. मैने कहाँ

मैने कहाँ की तुम बदल गये हो आज कल
उसने कहाँ की मोसम भी तो बदल रहा है
मैने कहाँ तुम अब पहले जैसे नही रहे
उसने कहाँ की इंसान को बदलना परता है
मैने कहाँ तुम अपने सारे वादे क्यु भूलादिये
उसने कहाँ के वादे निभाये कब जाते है
मैने कहाँ क्या कभी तुमहे याद नही आती मेरी
उसने कहाँ आपकी य़ादे और आये भी क्यु
मैने कहाँ क्या तुम खुश रह लेते हो मेरे बिना
उसने कहाँ हम रोये ही कब थे अपके लिए
शायर बाबर
बहुआरा बुजुर्ग दरभंगा बिहार

22. जुदाई

तुम्हारी जुदाई के गम मे मै मुस्कुराना भूल गया
अपना क्या पराया क्या मै सारा जमाना भूल गया
मेरे नए कपरे अल्मारी मे ही टांगे रह गये सारे
उस दिन से मै सजना स्वारना भूल गया
बहोत से सौख अरमान मेरे तेरी बेरुखी खा गये
कई दिन से मै बालो मे कांघी करना भूल गया
अभी भी कई ख्वाब सिरहन्ने मे अधुरे पड़े है मेरे
अभी भी कई ख्वाब है जो आँखो तक नही आये
मलाल बस इतना है की मेरा हम साया जुदा हो गया
गम बस ये है बाबर की अब वो किसी गैर का हो गया
शायर बाबर
दरभंगा बिहार

23. चाँद

चाँद इंतेजार मे रहता है छत पर तेरे
बे पर्दा तु छत पर ना आया कर
लोग देख कर सक करते हैं मुझ पर
गली से गुजारते होये न मुस्कुराया कर
सारे वादे झूटे निकले है तुम्हारे
कभी तो कोई वादा निभाया कर
हम रातो को सो नही पाते है अकसर
खाब मे आकर न इतना सताया कर
यु मिल नही पा राहे हो मुझ से तो
फ़ोन पर अपना हाले दिल शुनाया कर
इस तरह पत्थर कौन बनता है बाबर
कभी तो तु भी मोम बन जाया कर
शायर बाबर

24. मेरी मोहब्बत

मेरी मोहब्बत को वो आजमाने लगे
फिर मुझसे नजरे चुराने लगे
मैने कहाँ की आप बदल गये है
कई बहाने फिर वो बनाने लगे
वो मुझे कहने लगे की आप गलत है
फिर मुझे वो बातो बातो मे बहलाने लगे
मैने आपने इश्क की जब दुहाये दी उसे
बेवाफा सरमा के फिर मुस्कुराने लगे
हमने ही इश्क सिखाया था उसे
वो बेगयरत हमे ही इश्क पढाने लगे
हमने जब तोर दी बेरिया सराफात की
तब वो मेरे सामने गीर गिराने लगे
देखो जमाना क्या जमाना आगया बाबर
मेरे ही सागीरित मुझे पागल बनाने लगे
शायर बाबर

25. नजम बेवाफा दुनिया

इतना गाफिल है तु इस दुनिया से तु कितना नादान है

तुझे खबर ही नही किस के मुठी मे तेरी जान है

गुरूर जवानी पर है य़ा अपनी ताकत पर है तुझे

अये मिट्टी के पुतले तुझे खुद पर कितना गुमान है

ये दुनिया तो सिर्फ एक कैद खाना है प्यारे

तु सब यहाँ सिर्फ चन्द दिनो का मेहमान है

जो तुम्हारा है वो न रहेगा कभी तुम्हारा तुम्हारे बाद

फिर तु इस बेवाफा दुनिया पर इतना क्यू मेहरबान है

कौन खुश रहता है यहाँ सच्चे दिल से बाबर

सभी के चेहरे पर यहाँ एक झूठी मुस्कान है

शायर बाबर

26. नजम अधुरी मोहब्बत

मेरी तनहाये भी मुझसे सवाल करने लगी

मेरी तनहाये मेरा जीना मोहाल करने लगी

एक अरसा हुआ कोई मुझे अपना न कहाँ

एक मुद्दात हुआ के कोई अपना सा न लगा

मेरे घर के दीवार की फरेम तुम बिन सभी अधुरी है

मेरे घर की चौकाट अब भी तेरा इंतेजार करती है

मेरी कई नजम अब तक अधुरी है किताबो मे

लगता है जैसे मुझे तु गजल सुना जाता है ख्वाबो मे

मेरे कई नए जोरे मेरी अल्मारी मे परी रह गये

मेरे कई सौख जो तुम बिन अधुरे के अधुरे रह गये

हर आहट पर ऐसा लगा जैसे तु लौट आया हो

मेरा मोबाइल जब बजा ऐसा लगा जैसे तेरा कॉल आया हो

मेरा दिल अब तक एक कोड़े कागज की तरह है

इस दिल मे अब तक किसी की तास्विर न छपी

एक दुआ है मेरी की तु कभी मुझे भूल न पाये बाबर

एक बादुआ है की तु ज़िसको भी चाहे वो तुझे न चाहे

शायर बाबर

बहुआरा बुजुर्ग दरभंगा बिहार

27. कविता पहला प्यार

पहला प्यार कभी चाह कर भी भूला नही सकते
पहला प्यार कभी चाह कर अजमा नही सकते
पहला प्यार नादान दिल की पहली गलती है
पहला प्यार मे नादान दिल पर जोर किसकी चलती है
पहला प्यार कई ख्वाब का पहला सौगात है
पहला प्यार खुबसुरत ख्वाब वाली पहली रात है
पहला प्यार पहला अहेशास है जवानी का
पहला प्यार सबुत है दिल के बइमानी का
पहला प्यार ज़िन्दगी है ख्वाबो के दुनिया की
पहला प्यार रौशनी है दिल के खुशियो की
पहला प्यार जनु रहता है चाँद को पाने की
पहला प्यार सकु है चाँद को अपना बन जाने की
शायर बाबर

28. शायरी

नजाने किस खुशी मे ये दिन निकल रही है
उनकी यादो मे मेरी हर शाम जल रही है
बस उनके दिल से निकल जाने का मलाल है मुझे
बाकी सब खारियत है ज़िन्दगी अछी गुजर रही है
तुम्हारे बाद मुझे ये दर्द भी सहेना पर रहा है
मजबुरी मे मुझे तुम्हारी यादो संग रहना पर रहा हैं
जिस तरह ज़िंदा रहने के लिये सांस का चलना ज़रूरी हैं
तुम मेरी सांस हो अफसोस की ये बात तुमसे कहना पर रहा
है
निन्द की गोलिया खानी परती हैं मुझे रातो मे सोने के लिये
खूदा ही जाने की किस गुनाह का काफफारा आदा कर रहा
हु
दिल निकालने की चीज नही वरना सिने से निकाल कर
फेक देता
मेरे सिने मे रह कर ये धारकता है सिर्फ तुम्हारे लिए

29. कविता   माँ की ममता

दर्द कितना भी हो माँ मुस्कुरा देती है
हर जख्म पर माँ मारहम लगा देती है
माँ ही एक ऐसी यौधा है इस जहान मे
जो खुद भुखी रह कर अपने बच्चे को खिला देती है
खुद मौत भी हैरान रहती है उस वक़्त मे
माँ जब मौत से लर कर अपने बच्चे को जन्म देती है
माँ खुद गीले बिस्तार पर सोती है सर्द रातो मे
और अपने बच्चे को माँ बिस्तार गर्म देती है
तुम कहो य़ा न कहो माँ को सब पता लग जाता है
माँ बिना पूछे ही तुम्हारी तकलीफ पता लगा लेती है
माँ खुद तकलीफ मे अपना गुजारा करती है लेकिन
माँ अपने बच्चे की दुनिया खुबसुरत बना देती है
शायर बाबर
बहुआरा बुजुर्ग दरभंगा बिहार